AF267853

LA PAIX DE L'EUROPE

AVEC

LA FRANCE,

ET

LA PAIX DE LA FRANCE

AVEC ELLE-MÊME;

PAR

GUÉAU DE REVERSEAUX DE ROUVRAY.

A PARIS,

De l'Imprimerie de NOUZOU, rue de Cléry, n°. 9.

1814.

LA PAIX DE L'EUROPE

AVEC

LA FRANCE,

ET

LA PAIX DE LA FRANCE

AVEC ELLE-MÊME;

PAR

Guéau de Reverseaux de Rouvray.

A PEINE le principe de nos fureurs politiques se trouve-t il anéanti par l'adoption de celui même qui a fait le bonheur de nos aïeux pendant tant de siècles ; à peine encore, à la la suite de vingt-cinq années d'agitation et de calamités, pouvons-nous entrevoir la paix, ce bienfait si précieux ; la paix, jusqu'à ce moment l'objet de tant de vœux inutiles , que des cris de guerre et de vengeance semblent s'élever encore au milieu de nous ; et cependant les plaines de l'Europe, comme celles de notre propre pays , fument encore du sang de notre jeunesse , immolée, sans but comme sans objet , pour la patrie au funeste prestige d'une gloire militaire trop chèrement acquise !

Quoi ! après tant de batailles gagnées et perdues , après tant de villes emportées d'assaut , après avoir conquis tant de pays, que la ligue de tous les peuples européens a rendus en un instant à leur ancienne existence , faut-il encore et de nouvelles batailles et de nouvelles conquêtes ? L'apanage de Louis XIV, dont la puissance redoutable conjura tant de fois toutes les forces du monde contre lui ; cet apanage, accru encore par l'acquisition d'une population de huit cent mille individus , ne suffirait-il point à l'ambition comme aux besoins d'une nation qui, dans la lutte sanglante qui vient de se terminer, a perdu six millions de ses habitans ?

Nous n'avons troublé la tranquillité de nos voisins que pour assurer la tranquillité individuelle dont nous nous étions privés. Combien

(5)

de Français, dans le principe, ont été chercher la mort sous le drapeau, afin d'échapper à la seule qui soit redoutable, celle que l'échafaud leur préparait ? Maintenant que l'ordre social est rétabli, faut-il toujours agir dans les conséquences de l'anarchie ? et l'habitude de mourir, comme de vaincre, est-elle donc devenue pour nous un besoin indispensable ?

Quel est l'homme un peu judicieux qui ne conviendra que l'esprit de conquête a été, de tous les résultats produits par la révolution, le plus désastreux pour nous ; que notre système d'agrandissement et de possessions lointaines, en nous forçant, même en tems de paix, de maintenir notre état militaire sur un pied très-élevé, eût tendu à la destruction de notre population, à l'anéantissement de nos arts, à la ruine de toutes les fortunes particulières comme de la fortune publique, et même à nous replonger dans l'état de barbarie, en ne faisant de nous qu'un peuple de soldats et de laboureurs ?

A quoi servirait le Rhin pour limites à la France, quand la France épuisée a besoin, pour tirer parti de la situation prospère dans laquelle la nature l'a placée, de recréer sa population, de féconder son agriculture, de développer son industrie, de recouvrer ses Colonies, de renouer ses relations commerciales, et que surtout, pour recueillir les fruits immenses de tant d'avàntages, elle doit chercher à inspirer une sécurité entière à des voisins dont elle a enchaîné si long-tems l'indépendance ?

Comparons les traités que nous avons dictés dans les capitales que nous avons envahies avec celui qui vient d'être signé par les Alliés dans la nôtre, au moment où leurs armées innombrables couvraient le sol de notre pays, et où la combinaison de leurs forces comme la volonté prononcée de tous les habitans de l'Europe pouvaient les mettre dans le cas, pendant un an encore, de faire entrer au milieu de nous cent mille hommes de plus par mois ; dans cette lutte si inégale, survenue à la suite de l'anéantissement des moyens d'opposition qu'une grande nation renferme dans son sein, la France pouvait éprouver le sort final de tous les peuples conquérans ; elle pouvait perdre son indépendance et jusqu'à son nom : je ne connais qu'une seule circonstance qui fût au-dessus du pouvoir de ses ennemis, c'était de l'avilir et de lui enlever les titres de gloire et de va-

leur qu'elle s'est acquis ; mais, hélas ! qu'eus-
sent été, pour nos neveux, les souvenirs de
ces vains prestiges , sinon les témoignages de
notre délire et de leur servitude ?

Si les monstres couverts d'opprobres , qui
ont enfanté nos forfaits politiques , ont péri
tour-à-tour sous la hache sanguinaire qu'ils
avaient forgée pour leurs concitoyens , de
même la patrie des Villars , des Catinat , des
Oudinot , des Suchet , affaiblie par sa propre
gloire , victime d'exploits militaires qu'elle
n'avait établis qu'aux dépens de sa population
comme des principes de sa richesse , devait
succomber sous le poids de ses propres
succès , et recevoir les fers dont elle accablait
depuis long-tems ses rivaux.

Au lieu de tant de malheurs, qui sem-
blaient être devenus les conséquences inévi-
tables de notre conduite comme de notre politique passées, les Puissances, loin de diviser
cette France si dangereuse pour eux ; loin
d'exiger d'elle aucune fraction d'une masse
énorme de dix-huit cent millions de contri-
butions ; loin de l'accabler d'extorsions en tout
genre , que les Monarques de l'Autriche et de
la Prusse prouvent que son Gouvernement
avait exercées depuis dix ans dans leurs états ,

ces Puissances la rendent, au contraire, à son indépendance et consentent même qu'elle conserve la portion de son agrandissement qui convient le plus à sa position topographique : l'Angleterre, à qui nous n'avions nulle compensation à offrir, mais qui croit ne pouvoir payer trop chèrement la paix des Deux Mondes, nous restitue des possessions éloignées, sur lesquelles il nous était impossible désormais d'exercer aucun droit.

Les objets d'arts, qu'une habitude qui flattait notre orgueil national, nous avait fait considérer comme notre propriété, nous restent, sans que leurs anciens possesseurs aient même pensé à nous les réclamer : monumens précieux qui répandront le numéraire étranger parmi nous, et qui, excitant l'émulation de nos concitoyens, nous procureront, un jour, le seul genre de supériorité vers lequel nos pères étaient restés en arrière de leurs voisins : ainsi donc, les richesses de la Grèce antique, de l'Italie des César, comme de l'Italie des Médicis, sont devenues notre apanage.

Nous nous plaindrions ! et la France, affaiblie par mille combats et vingt années de guerre, plongée par l'aveuglement de son

chef dans les résultats funestes d'une expé-
-dition, dont celle de Xerxès seule offre un
triste parallèle dans l'histoire; entraînée en-
suite dans la campagne la plus désastreuse
comme la plus sanglante qui fut jamais;
voyant, pour la première fois, son territoire
envahi, sa capitale et toutes ses richesses au
pouvoir de ses ennemis, la France, renfer-
mant dans son sein la croisade de toutes les
nations armées contre elle, reçoit encore les
conditions de la paix d'Utrecht, de celle
d'Aix-la-Chapelle, celles que lui assurait le
glorieux traité de Versailles !

Si je ne puis approfondir les causes d'une
telle générosité, dont la politique comme
l'histoire n'offrent aucun exemple que dans
un rapprochement heureux qu'on pourrait
établir entre l'Alexandre qui rendit l'Inde à
son Monarque, et l'Alexandre moderne qui
rendit Louis XVIII à la France, je crois
pouvoir induire de la position passée où nous
avions mis l'Europe, et de la position pré-
sente où l'Europe place la France, les funestes conséquences qui résulteraient, pour
la France, d'exercer encore en Europe l'esprit de bouleversement et de conquête dont
elle a été si long-tems notre victime.

Ne nous y trompons pas : c'est dans la sagesse profonde de notre Monarque ; c'est dans la garantie sacrée que son sang illustre offre à nos vainqueurs ; c'est dans le déploiement de son noble caractère et de son génie ; c'est dans l'ascendant et la supériorité qu'il a exercés lors de la discussion de nos intérêts devenus les siens ; c'est dans l'élévation de son âme, aussi faite pour se placer à la hauteur des plus grandes prospérités, comme elle le fut pour surmonter les plus rares adversités ; c'est dans l'habitude que nos ennemis avaient contractée de traiter avec la plus ancienne maison régnante qui soit au monde, que nous devons puiser les motifs d'une négociation aussi miraculeuse.

Nous la devons aussi à l'homme qui, par son adresse, autant que par ses habiles conceptions, sut nous ménager des amis, au tems même de nos invasions et alors que nous ne pouvions avoir que des ennemis ; à cet homme qui, par la confiance morale qu'il inspirait, sut faire triompher notre politique ; qui eut le courage de se rendre victime de la modération qu'il voulut apporter dans nos conseils ; qui sut prévenir ou retarder l'effet de plusieurs des crimes dont on a souillé nos

annales ; qui , le premier, a saisi habilement
l'occasion de nous rendre à nos maîtres
légitimes ; à cet homme enfin , dont les talens
enviés furent trop long - tems calomniés
parmi nous , mais à qui nous devons un
hommage au moment de l'abjuration de
toutes nos erreurs.

. Je crois avoir prouvé , jusqu'à l'évidence,
que la paix de 1814 est une paix heureuse ,
glorieuse encore pour la France , et sur-
passant de beaucoup l'espoir auquel nous
pouvions raisonnablement prétendre. Dans
cette esquisse légère j'ai brisé des vœux super-
flus et détruit des regrets inutiles ; j'ai consacré
la mesure de la politique qu'il nous convient
d'avoir à l'égard de nos voisins : mais qu'il
me soit permis de développer un instant des
intérêts plus rapprochés de nous et qui ,
peut-être , en ce moment agitent davantage
nos esprits.

Après avoir répandu des larmes de joie
en revoyant au milieu de nous les descen-
dans chéris d'une longue suite de rois qui
ont assuré notre prospérité passée , chacun
s'agite , parle , écrit et discute sur la cons-
titution qu'il convient de donner à la France ;
tandis que déjà nous avons entendu consacrer,

par notre auguste Monarque lui-même, les principes fondamentaux et uniques sur lesquels peut reposer l'indépendance politique de tous les citoyens d'une grande nation.

La liberté des cultes, celle de la presse, l'indépendance des tribunaux, l'inviolabilité des personnes comme des propriétés, la responsabilité des ministres, l'adoption d'un pouvoir législatif divisé en deux chambres, les divers impôts consentis par la nation dans la personne de ses représentans, la confirmation de la vente des domaines nationaux, les récompenses accordées aux militaires comme à ceux qui ont rendu de grands services à la patrie, tels sont les gages de notre existence future; telles sont les bornes que le Souverain veut fixer à son pouvoir, et telles sont encore les garanties qu'il nous offre contre une autorité arbitraire ou despotique, que repousse également le caractère d'une nation généreuse et éclairée.

Cependant on passe en revue les constitutions anciennes et modernes, on feuillette les écrits de tous les publicistes, on veut ériger en pratique les chimères qu'ils ont enfantées dans leurs cabinets, mais que l'expérience métamorphoserait encore en purs

paradoxes; on cherche des objets de compa-
raison et des modèles dans les chartres
des peuples qui nous environnent, et je
n'entends pas un Français parler de nos sages
et antiques capitulaires, et rappeler une seule
des immortelles ordonnances de nos Rois !
On n'accorde rien à nos vieilles habitudes, à
nos mœurs, à nos préjugés d'éducation, à
l'influence de notre climat, à celle qu'une
température variée exerce sur notre génie,
à l'inconstance comme à la légèreté qui nous
caractérisent, à l'extrême mobilité et de nos
opinions et de nos affections; comme s'il était
possible, qu'en allant puiser dans les Codes
de nos voisins, nous puissions aussi en rap-
porter leur tempérament et leur caractère
national !

Mais déjà nos législateurs qui, n'aguère,
ne pouvaient se regarder que comme les
instrumens d'un prestige dont le despote
cherchait à s'envelopper pour étayer son
gouvernement monstrueux et légaliser son
odieux pouvoir, jouissent de la plénitude
des droits dont ils furent investis par la
nation; sans doute, dans la rédaction de
notre pacte social, ils répondront à notre
attente.

Si, dans la session mémorable du mois de décembre mil huit cent treize, ils élevèrent une voix généreuse, et que, nouveaux Régulus, ils bravèrent courageusement le supplice pour faire entendre aux pieds d'un trône en‑sanglanté les véritables intérêts de la patrie, ils étaient loin de penser que du sein même des calamités qu'ils cherchaient à repousser, naîtraient les seules circonstances qui pussent à la fois anéantir nos discordes civiles, rendre la France à son bonheur passé, relever le trône des Lys et attacher leurs noms aux plus belles pages de notre histoire, en nous ré‑conciliant avec nous‑mêmes, en affermissant l'autorité du Monarque le plus éclairé comme le plus vertueux, et en présentant, à la suite d'un égorgement de dix millions d'hommes, un gage de paix aux Deux Mondes.

Que ne devons-nous pas attendre de ces vertueux mandataires quand ils ont à remplir la mission la plus honorable et la plus grande dans ses conséquences dont jamais réunion de Législateurs fut investie en aucun tems! ils sentiront que cette tâche, aussi douce pour leurs cœurs que facile pour leurs esprits, imprimera après elle des souvenirs d'autant plus profonds, que nos annales prouvent que jamais aucune assemblée nationale en France ne produisit d'heureux résultats et ne sut dominer les circonstances pour lesquelles elle fut convoquée.

Déjà l'élite des deux grands corps de l'Etat, rassemblée à la voix paternelle de Louis XVIII, prépare sur les principes libéraux que lui-même a établis, le grand acte de notre chartre constitutionnelle. A ces magistrats, le Monarque a adjoint trois hommes, l'honneur de la France : parmi eux est un second d'Aguesseau, un nouveau Montesquieu : Montesquieu ! Ce beau nom m'en rappelle un presque semblable, et non moins imposant, que nous retrouvons au milieu de ces sages : Digne ministre du souverain, homme d'état, modèle de vertu, que nous avons vu éclipser tous les talens, et enlever tous les suffrages au milieu de l'Assemblée la plus brillante de l'Univers.

Français ! Comparez le passé au présent et tirez en les conséquences pour l'avenir ; tels sont les véritables points de vue sous lesquels il faut que vous envisagiez et votre politique et votre situation intérieure : C'est en vous conformant religieusement à la paix que l'Europe vient de vous donner, c'est en la faisant avec vous-mêmes que vous rencontrerez la seule planche qui puisse vous sauver du naufrage ; il ne sera plus en votre pouvoir de la retrouver si vous rentrez dans de nouvelles tempêtes politiques. Cessez de vous alarmer ; rentrez dans le sein de vos familles et de vos affections ; abjurez toutes vos erreurs ; rappellez – vous que vous ne fûtes jamais si mal gouvernés que lorsque vous vous gouvernâtes vous-mêmes ; bénissez la paix que l'Europe vient de donner à la France ; bénissez celle que vous vous êtes donnée en rétablissant le trône des Bourbons ; encensez la véritable liberté dont vous allez maintenant jouir, et que désormais le seul cri de ralliement parmi vous soit celui de Vive le Roi, Vive Louis XVIII.